Cura di Ansia e Depressione In italiano/ Treatment of Anxiety and Depression In Italian:

Semplice Quaderno di Lavoro per il Sollievo dall'Ansia. Smettere di Preoccuparsi e Superare la Depressione Velocemente

responsabile per eventuali disagi o danni che potrebbero verificarsi dopo aver intrapreso le informazioni qui descritte.

Inoltre, le informazioni contenute nelle pagine seguenti sono da intendersi solo a scopo informativo e vanno quindi considerate come universali. Come si addice alla sua natura, viene presentato senza garanzie sulla sua validità prolungata o sulla sua qualità provvisoria. I marchi menzionati sono fatti senza il consenso scritto e non possono in alcun modo essere considerati un'approvazione da parte del titolare del marchio.

Indice

Introduzione

Grazie per aver acquistato "*Cure per ansia e depressione: Semplice quaderno di lavoro per alleviare l'ansia. Smettere di Preoccuparsi e Superare la Depressione Velocemente*".

Se state leggendo questo, è molto probabile che sia perché voi, o qualcuno che conoscete, state attraversando un periodo difficile. Leggendo questo libro, capirete meglio come funzionano la depressione e l'ansia, come l'uno può portare all'altro e quanto può essere doloroso affrontare entrambe queste condizioni.

Se non curate, sia l'ansia che la depressione possono avere effetti devastanti su coloro che soffrono di queste condizioni. In alcuni dei casi peggiori, le persone che hanno sofferto di queste condizioni sono arrivate a togliersi la vita.

Quindi, se voi, o qualcuno che conoscete, sta attraversando una situazione del genere, questo libro vi fornirà le informazioni necessarie per cercare aiuto e ottenere il giusto trattamento. Quindi, il trattamento non solo impedirà il peggioramento di queste condizioni, ma contribuirà anche a invertire i suoi effetti.

Purtroppo, molte persone che soffrono di ansia e depressione sono lasciate a soffrire in silenzio. Spesso chi è afflitto da queste condizioni ha paura di parlare e chiedere aiuto. Altre volte, i sintomi sono così lievi da non essere rilevati. Ecco perché queste condizioni non vengono quasi mai colte nelle loro fasi iniziali.

In effetti, persone apparentemente brillanti e sicure di sé stanno portando con sé questo fardello. Anche le persone più forti che conosci potrebbero avere a che fare con queste condizioni.

Una volta, ho sentito una citazione brillante che diceva: "la depressione si manifesta quando si è stati forti per troppo tempo". Quelle erano parole con le quali potevo certamente identificarmi. Riassumono chiaramente ciò che la maggior parte dei malati attraversa nella loro vita quotidiana.

Come tale, questo libro è destinato a quelle persone forti e coraggiose che stanno attraversando questo momento in prima persona, o a quelle persone premurose che temono per la sicurezza e la salute di qualcuno che conoscono. In entrambi i casi, questo libro fornisce le linee guida per trovare la giusta linea d'azione per affrontare l'ansia e la depressione.

Il primo passo è riconoscere che avete bisogno di aiuto. O, in ogni caso, per creare un ambiente sicuro in cui la persona di cui vi preoccupate possa sentirsi al sicuro per aprirsi. Quando quel qualcuno si apre, potrebbe essere un casino, ma avrà fatto quel primo passo critico da parte sua verso la guarigione.

Se questo siete voi, uno di quelli che soffrono in silenzio, allora ammettere di aver bisogno di aiuto non è certo un segno di debolezza. È un segno che siete abbastanza maturi per capire che siete arrivati a un punto in cui non potete più andare avanti da soli. E così, ora siete pronti a fare il primo passo sulla via della ripresa.

In questo libro parleremo delle basi dell'ansia e della depressione, di cosa sono e di come individuarle. Questo è molto importante perché saper riconoscere i segnali di avvertimento in anticipo può aiutare a salvare la vita di chi ne soffre.

Letteralmente, dico.

Quando sarete in grado di riconoscere i segnali di allarme tempestivo, potrete cercare un trattamento che vi aiuterà a far fronte allo stress con cui avete a che fare. Questo eliminerà ogni possibilità che lo stress si annidi fino a diventare ansia e che alla fine porti alla depressione.

Inoltre, ci occuperemo delle modalità di diagnosi della depressione e delle opzioni di trattamento a vostra disposizione o della persona che vi preoccupa.

In seguito, esamineremo i modi in cui è possibile affrontare l'ansia e la depressione da casa. In questo modo, è possibile affrontare l'insorgenza di qualsiasi sintomo, non appena lo si nota, e prima che diventi una situazione a tutto tondo.

La cosa più importante da tenere a mente in questo viaggio è che non siete soli.

Anche se non c'è nessuno intorno a te, e lo stai leggendo sull'orlo di una crisi, non sei solo. Ci sono persone là fuori che sono disposte ad aiutarvi e a fornirvi le rassicurazioni di cui avete bisogno. Alcuni professionisti sono specializzati nell'aiutare le persone che sentono che ogni speranza è perduta.

Inoltre, ci sono gruppi di sostegno pieni di persone che hanno passato la stessa cosa che state passando voi. Se siete preoccupati per qualcun altro, potete invitarlo in un gruppo di questo tipo per fargli capire che non è raro e che ce ne sono altri proprio come loro.

Vorrei anche incoraggiarvi a rivolgervi a professionisti sanitari qualificati. È assolutamente necessario che voi, o la persona di cui vi preoccupate, vi rivolgiate a un professionista sanitario qualificato in grado di fornire la diagnosi e le opzioni terapeutiche adeguate.

Certo, ci sono momenti in cui chi soffre di ansia e depressione si rifiuta di farsi curare. Possono essere in fase di negazione o semplicemente troppo vergognosi per cercare aiuto. Ecco perché è così importante per voi, o per coloro che vi preoccupano, capire che non è colpa vostra. Qualunque siano le circostanze che vi portano a sentirvi in questo modo, non è colpa vostra.

Vi esorto vivamente ad agire ora. Non aspettare un minuto in più perché più a lungo aspettate, peggiori saranno le cose. Agendo ora, sarete in grado di rimettervi in carreggiata o di aiutare coloro che sono preoccupati di ritrovare la strada per una vita sana e produttiva.

A differenza di alcune condizioni là fuori, l'ansia e la depressione sono perfettamente curabili. Certo, ci sono farmaci che possono aiutare ad alleviare i sintomi. Ma trattando la causa principale del problema, l'ansia e la depressione possono diventare un ricordo del passato.

Quindi, iniziamo questa discussione esaminando cosa sono veramente l'ansia e la depressione. Sono sicuro che troverete una definizione adeguata utile per entrare nel giusto stato d'animo. Quando vedrete quali sono realmente queste condizioni, comincerete a comprendere le varie opzioni disponibili per affrontare questa situazione una volta per tutte.

Capitolo 1: Definizione di Ansia e Depressione?

In questo capitolo esamineremo più da vicino cosa sono l'ansia e la depressione. Definiremo ogni termine oltre a fornire alcune informazioni su ciascuna condizione.

Quando la maggior parte delle persone sente uno di questi termini, immaginate un individuo che non riesce a tenerlo insieme. I film e gli spettacoli televisivi di Hollywood spesso raffigurano persone depresse come persone sull'orlo del suicidio. E anche se la depressione non trattata porta a pensare al suicidio, non sempre è così. Inoltre, l'ansia è descritta come un sentimento insopportabile che porta i malati a passare attraverso tutti i tipi di situazioni insopportabili, come la mancanza di sonno o il tremore incontrollabile.

Naturalmente, entrambe queste condizioni hanno alcuni di quei sintomi ad esse associati; sono spesso prevalenti in persone perfettamente sane. Queste sono persone che apparentemente hanno tutto insieme nella vita, ma dentro, stanno lottando con queste condizioni.

Altre volte, ansia e depressione si impadroniscono di persone di grande successo che sembrano aver capito tutto. Sono bravissimi in quello che fanno, si guadagnano da vivere dignitosamente e sono anche l'anima della festa. Tuttavia, stanno lottando per mantenere la testa fuori dall'acqua.

Quindi, alcune persone non possono più funzionare. Queste condizioni li hanno superati al punto in cui non possono funzionare come farebbe una persona normale. Non possono controllare i loro sentimenti al punto in cui anche le attività quotidiane di base possono rivelarsi travolgenti.

Cos'è l'ansia?
L'ansia è quell'incontrollabile, incrollabile sensazione di preoccupazione e preoccupazione per il futuro, per ciò che potrebbe accadere o per le cose che stanno accadendo attualmente.

Certo, è naturale che tutti si sentano nervosi e ansiosi di tanto in tanto. Pensate a situazioni veramente stressanti come fare un grande test, o dover parlare davanti a un pubblico numeroso. Questi sono esempi di situazioni che possono far perdere il sonno a chiunque o anche tremare di trepidazione.

Tuttavia, quando la situazione stressante è passata, la persona sarà in grado di tornare alle sue condizioni normali. La reazione stressante si dissolve e la vita torna alla normalità.

Per chi soffre di ansia, la vita non torna alla normalità. Questo perché non esiste un normale. C'è solo preoccupazione e angoscia. Questo può portare chi ne soffre a perdere il sonno, a diventare irritabile e persino a sperimentare sintomi fisici come disturbi digestivi, eruzioni cutanee o sovralimentazione.

Pertanto, l'ansia è generalmente una reazione a una situazione stressante. Di conseguenza, lo stress è la causa più importante dell'ansia, sebbene non l'unica. Anche se ci addentreremo nelle cause dello stress in un capitolo successivo, vale la pena notare che lo stress, o una situazione stressante, sarà generalmente il precursore dell'ansia.

Spesso, i sintomi dell'ansia sono così lievi che anche il malato avrà difficoltà a prenderli. Questi sintomi vengono spesso eliminati solo con uno stress regolare derivante dal lavorare troppo o dall'avere troppe cose di cui preoccuparsi.

Nel tempo, lo stress aumenta. Lo stress può accumularsi fino a un punto in cui il malato comincia a manifestare una condizione chiamata "burnout". Nella medicina moderna, il "burnout" è visto come un punto in cui la mente e il corpo non sono più in grado di affrontare lo stress cronico. Il burnout si manifesta quando chi ne soffre si spegne e comincia a manifestare seri problemi di salute fisica.

Tuttavia, il burnout è solo una manifestazione fisica di stress e ansia. Poiché l'ansia è prevalentemente mentale ed emotiva, alcuni pazienti possono presentare solo lievi sintomi fisici nonostante siano emotivamente sconvolti.

Fortunatamente, il burnout può essere trattato con una combinazione di riposo e farmaci. L'ansia, d'altra parte, richiede un trattamento molto più ampio, che può includere farmaci, ma quasi sempre implica una terapia. Per alcune persone, la loro ansia è solo una condizione con cui devono convivere per il resto della loro vita e i farmaci aiutano solo ad alleviare i sintomi.

Per quanto riguarda la depressione, questa è di gran lunga una delle condizioni mentali ed emotive più debilitanti. La depressione di solito si manifesta come conseguenza di stress cronico e / o ansia non trattata. Per alcune persone, ansia e depressione funzionano in tandem. Per altri, l'ansia non trattata porta alla depressione. In ogni caso, la depressione può virtualmente distruggere la vita di una persona.

Come con l'ansia, i malati di depressione non sono necessariamente a letto tutto il giorno a crogiolarsi su qualunque cosa abbia causato questi sentimenti. In effetti, alcune delle persone di maggior successo che potresti incontrare vivono con una condizione nota come "depressione ad alto funzionamento".

Questo tipo di depressione è praticamente impossibile da rilevare poiché il malato non presenta alcuni dei sintomi più tradizionali come tristezza e pensieri suicidi. Quindi, la depressione può essere definita come sentimenti estremi di sconforto e abbattimento.
In breve, la depressione riguarda la sensazione che non ci sia nulla per cui valga la pena vivere. Sembra che la vita non valga più la pena. Quando non trattata, la depressione può portare a pensare al suicidio. E spesso, i malati agiranno in base a quei pensieri se non ricevono il trattamento di cui hanno bisogno.

Dal punto di vista medico, la depressione può essere curata attraverso una combinazione di farmaci e terapia. Alla diagnosi, un medico può prescrivere antidepressivi e terapia. Questa combinazione di solito porta a risultati positivi, anche se alcuni malati di depressione possono finire per assumere farmaci per il resto della loro vita. Tuttavia, l'esposizione prolungata agli antidepressivi ha gravi effetti collaterali. Quindi, questo è il motivo per cui è fondamentale affrontare le cause profonde della depressione.

Come ho affermato in precedenza, i sintomi di ansia e depressione potrebbero essere praticamente non rilevabili. Tuttavia, ci sono segnali di pericolo che devi tenere d'occhio. Quando questi segni diventano fin troppo frequenti, è necessario determinare se sono solo la conseguenza di un periodo particolarmente stressante o se è diventato un modello.

Quando i segnali di avvertimento diventano evidenti, è il momento di cercare aiuto, sia per voi stessi, sia per la persona che vi preoccupa. Prima sarete in grado di affrontare questi sintomi, prima riuscirete a trovare una soluzione. La cosa più importante da tenere a mente è che queste condizioni sono curabili, e si può tornare ad essere il vecchio se stessi.

Capitolo 2: I Segni Premonitori della Depressione

Quando la maggior parte della gente pensa all'ansia e alla depressione, tende a pensare a un esaurimento totale e massiccio in cui il malato non è in grado di funzionare come un normale essere umano. Spesso nei film e nei programmi televisivi di Hollywood vengono rappresentate come persone che non riescono nemmeno ad alzarsi dal letto e a prendere il controllo della propria vita.

Mentre questo tipo di reazione può verificarsi, soprattutto quando la depressione si manifesta ai suoi livelli più estremi, il fatto è che la maggior parte delle persone passa attraverso la loro vita quotidiana funzionando a un livello apparentemente normale.

Nel capitolo precedente ho accennato a quanto la depressione ad alto funzionamento sia una condizione con cui molte persone di successo vivono comunemente. Sono in grado di funzionare attraverso la loro vita quotidiana e la loro routine e, apparentemente, non danno segni di soffrire di alcun tipo di depressione.

Anche in quei casi, in cui le persone di successo sembrano avere tutto sotto controllo, ci sono segnali di avvertimento che rivelano la condizione emotiva interna di una persona.

Cominciamo con l'ansia.

L'ansia è una condizione debilitante che può impedire alle persone di godere di una normale interazione con l'ambiente circostante.

Considerate l'ansia sociale.

Quando una persona soffre di ansia sociale, potrebbe avere difficoltà ad adattarsi e ad adattarsi alle persone che la circondano. Questi malati possono avere problemi di adattamento a gruppi sociali come squadre sportive, aule, club sociali, chiese o qualsiasi altro luogo in cui si riuniscono gruppi di persone.

Naturalmente, c'è una differenza tra una persona naturalmente timida e una persona a cui può essere diagnosticato un disturbo d'ansia sociale. Per le persone naturalmente timide, interagire regolarmente con gli altri può rivelarsi una situazione difficile. Per coloro che effettivamente soffrono di disturbo d'ansia sociale, c'è una causa più profonda della loro afflizione. Queste cause possono variare da eventi traumatici dell'infanzia a problemi fisici nel cervello. Tuttavia, l'ansia, in tutte le sue forme, può impedire a una persona di godere di una vita sana e produttiva.

Uno dei fattori più comuni che influenzano l'ansia è lo stress.

Lo stress è una forza potente che può indebolire le naturali difese mentali di una persona fino a farle diventare eccessivamente preoccupato, o allarmato, per ciò che può succedere.

Certo, ci sono ragioni logiche per cui una persona può diventare eccessivamente ansiosa. Ad esempio, se state attraversando una situazione finanziaria difficile in cui avete perso il lavoro, avete bisogno di pagare le bollette e rischiate di perdere la casa, l'ansia vi prenderà sicuramente la mano.

In questo caso, è naturale che una persona abbia difficoltà a dormire, diventi irritabile, perda l'appetito, o si abbuffi, mangi e aumenti di peso, aumenti il consumo di alcol e droghe, si impegni in pratiche a rischio come la guida spericolata, o addirittura si isoli e riduca l'interazione sociale.

Tutti questi sintomi, sebbene preoccupanti, indicano una lotta con l'ansia. Date le circostanze in cui è stata creata la condizione di stress, tutti questi sintomi possono scomparire quando la situazione finanziaria dell'individuo viene risolta. Quindi, possono rimettere in sesto la loro vita attraverso il riposo e possibilmente farmaci e terapia.

I sintomi che abbiamo delineato iniziano in modo così sottile che spesso sono impercettibili e passano inosservati. Molte volte, questi sintomi vengono liquidati come "essere stressati" o "attraversare un momento difficile". Ma ciò che finisce per accadere è che questi sentimenti peggiorano e, nel tempo, possono portare a ansia debilitante o depressione.

Nel capitolo precedente, abbiamo definito la depressione come avere sentimenti estremi di abbattimento e sconforto. Questo non potrebbe essere più accurato.

La depressione è una sensazione in cui il malato sente che ogni speranza è persa. È qui che i pensieri suicidi trovano terreno fertile. Se non trattata, la depressione può portare alla somatizzazione in cui può svilupparsi un numero qualsiasi di disturbi fisici. Questi disturbi fisici possono variare dall'emicrania al diabete, malattie cardiache e persino malattie autoimmuni come il lupus.

Come puoi vedere, la depressione è una cosa seria.

Spesso, la depressione è vista come un disturbo psicologico e mentale che richiede farmaci come primo ciclo di trattamento. Mentre non c'è dubbio che gli antidepressivi come il Prozac, lo Zoloft o il Paxil, che essenzialmente inibiscono alcune reazioni chimiche nel cervello, possono essere opzioni adatte per aiutare la gente a rimettersi in piedi, il fatto della questione è che i farmaci trattano solo i disturbi superficiali causati dalla depressione.

Per arrivare alla causa principale della depressione, spesso è necessaria una terapia. Con la terapia, le persone possono approfondire e vedere cosa sta alimentando i loro sentimenti di abbattimento e disperazione.
Molte volte, lo stress cronico, che può portare al burnout, porta anche alla depressione. Quando un individuo è esposto a enormi quantità di stress per periodi di tempo prolungati, può cadere in una condizione depressiva in cui la sua intera personalità sembra trasformarsi completamente.

Pensate ai soldati che vanno in guerra.

Un essere umano regolare e sano che è esposto a grandi quantità di stress, come la guerra, può soffrire di malattia da stress post-traumatico (PTSD). Il PTSD è una condizione che nasce da un evento singolo e traumatico che lascia l'individuo debilitato e incapace di affrontare la vita quotidiana. Questa condizione è curabile e il recupero di solito inizia rimuovendo l'individuo dall'esperienza traumatica.

Ora, immaginate un soldato che ha svolto diversi turni di servizio in una zona di guerra. Questo individuo può essere sottoposto a così tanto stress, che la sua intera personalità si trasforma in qualcun altro. Possono passare dall'essere una persona gentile e ben adattata, a diventare violenta e aggressiva con la minima quantità di provocazione.

Questo cambiamento può essere perfettamente ovvio per coloro che non vedono questa persona da un po'. Ma per gli individui stessi, individuare questi cambiamenti comportamentali è praticamente impossibile. È così che una persona può cadere nella depressione senza nemmeno accorgersene.

Allora, cosa potete fare per individuare la depressione in tempo?

Si può essere alla ricerca di cambiamenti comportamentali insoliti come scoppi d'ira, pianti non provocati o euforia insolita. Sì, anche l'euforia e la "gioia" possono diventare segnali di avvertimento.

Questo tipo di comportamento è evidente nei bambini ribelli. Quando un bambino entra in una fase depressiva, spesso agirà in modo violento e malizioso.
La ragione di ciò risiede nel fatto che l'individuo sta vivendo violenti sbalzi d'umore. E così, prendere il controllo delle loro emozioni può diventare un compito difficile. Ecco perché dovete tenere d'occhio i vostri cari soprattutto quando stanno attraversando un momento difficile emotivamente.

Dovete imparare a interpretare lo sfogo e anche il comportamento distruttivo come un grido di attenzione. Questo può essere visto in un eccessivo consumo di alcol e droghe, in comportamenti sconsiderati come la guida e l'uso di armi da fuoco, o in atteggiamenti disimpegnativi come l'astinenza e l'isolamento.

Se state leggendo questo e ritenete che alcuni di questi sintomi possano interessarvi, cercate subito aiuto. Trovate qualcuno con cui potete confidarvi. Chiedete loro di portarvi da un vero professionista della salute che possa fornirvi delle alternative su come affrontare i vostri sentimenti. Tenete presente che chiedere aiuto non è un segno di debolezza. In effetti, ci vuole molta forza per ammettere che avete bisogno di aiuto.

Non rimandate. La vostra famiglia e i vostri cari ammireranno il vostro coraggio. E vi aiuteranno sicuramente a superare quello che state attraversando.

Capitolo 3: Cosa causa ansia e depressione?

Nei capitoli precedenti abbiamo già accennato alla causa dell'ansia e della depressione. Abbiamo discusso i trigger che più comunemente inducono ansia e depressione negli individui.

In questo capitolo, esamineremo molto più da vicino le cause che possono portare all'ansia e alla depressione e come si può cominciare a capire perché questo sta succedendo a voi, o a qualcuno che conoscete. Il vantaggio più importante di comprendere le cause dell'ansia e della depressione è che vedrete che non è colpa del malato, ma piuttosto che questa persona è vittima delle circostanze.

Quindi, iniziamo con le cause dell'ansia.

Cause di ansia

In generale, l'ansia è principalmente una condizione psicologica ed emotiva. Se da un lato abbiamo stabilito che questa condizione può avere effetti fisici su chi ne soffre, dall'altro innesca soprattutto una risposta psicologica ed emotiva che, nei casi più estremi, può rendere una persona incapace di funzionare normalmente nella sua normale vita quotidiana.

Ora, tutti noi proviamo ansia in misura maggiore o minore. Consentitemi di elaborare.

Immaginate di essere degli studenti e vi state preparando per gli esami finali. C'è molto in gioco, sia che si tratti di un voto di passaggio, sia che si tratti di un voto alto che vi permetterà di entrare nel programma di vostra scelta nella scuola che più desiderate frequentare.

Così, si decide di mettere il pedale del freno al metallo e di allacciare la fibbia sul tuo lavoro scolastico. Dato che avete molto da fare in finale, lo stress di ottenere buoni voti comincia a farsi sentire. Iniziate ad avere problemi a dormire, potreste perdere l'appetito, o abbuffarvi di cibo spazzatura, alcuni individui decidono di iniziare a fumare o a bere quantità eccessive di caffè, o in alcuni casi, mostrano segni di irritabilità e di cattivo umore generale.

Ora, anche se questa può sembrare una reazione "normale" ad alti livelli di stress, la persona tornerebbe ai suoi normali modelli comportamentali una volta terminati gli esami finali e la situazione stressante è stata rimossa dalla` vita di questo individuo. Dopo un periodo di riposo e recupero, la persona torna al suo solito modo di vivere avendo imparato una preziosa lezione di vita.

Questo tipo di reazione all'ansia causata da una situazione notevolmente stressante è abbastanza comune e non dovrebbe essere motivo di allarme.

Ma cosa succede se questo modello comportamentale ansioso diventa fin troppo comune?

Ecco perché è importante differenziare un tipo di ansia da un altro.

L'ansia dovuta a un carico di lavoro pesante è una cosa, ma è un'altra cosa completamente diversa chiudersi fuori dal mondo perché non è possibile stabilire relazioni con altri tipi.

Pertanto, i cinque tipi più comuni di ansia sono i seguenti:

1. Disturbo Ansioso Generalizzato
2. Disturbo Ossessivo-Compulsivo
3. Disturbo da Attacchi di Panico
4. Disturbo Post-Traumatico da Stress
5. Disturbo da Ansia Sociale

Come potete vedere, abbiamo già discusso di questi disturbi in una certa misura. Ad eccezione del PTSD, abbiamo indicato come questi tipi di ansia abbiano tutti le loro radici in qualche tipo di trauma infantile. Spesso, questo trauma deriva da qualche tipo di situazione violenta o traumatica prolungata.

Pensate alle situazioni in cui i bambini provengono da case abusive, o da ambienti in cui si trovano ad affrontare trascuratezza, danni fisici, disagio psicologico ed emotivo, e persino abusi sessuali. Mentre i casi più estremi di trauma infantile possono portare a condizioni più gravi come il Disturbo Dissociativo di Personalità, l'esposizione prolungata a traumi e stress può portare allo sviluppo di ansia più generalizzata.

Naturalmente, lo sviluppo dell'ansia non ha necessariamente le sue radici nell'infanzia. In effetti, le persone che provengono da famiglie amorevoli possono sviluppare qualche tipo di disturbo d'ansia.

Ma come?

Ebbene, nel caso del PTSD, l'ansia può derivare da un singolo, singolare incidente come un incidente d'auto, la morte violenta di una persona cara, o una situazione incredibilmente stressante come il disagio finanziario.

L'ansia può accumularsi nel tempo fino a un punto in cui l'individuo che soffre di un'esposizione prolungata a situazioni di stress può non essere in grado di recuperare completamente una volta che è stato allontanato dall'ambiente stressante che ha causato queste sensazioni.

Pensate a persone che svolgono una professione ad alto stress come il commercio di azioni.

La durata media di un operatore di borsa di Wall Street è di circa 10 anni.
Perché?

Beh, è una professione incredibilmente stressante che richiede un'attenzione costante. La maggior parte dei trader di borsa sono collegati per lunghe ore con pochissime pause intermedie. Poiché i mercati finanziari funzionano essenzialmente 24 ore al giorno, gli operatori di borsa possono sentirsi obbligati a mantenere il piede sul gas anche quando sono ufficialmente senza lavoro.

Inoltre, l'onere aggiuntivo che deriva dalla responsabilità di gestire grandi somme di denaro è già abbastanza difficile. La maggior parte dei trader di azioni deve anche affrontare la pressione degli investitori per ottenere i migliori rendimenti possibili sul denaro investito. Questo li porta a prendere decisioni rischiose che possono o meno ripagare alla fine. Lo stress derivante dall'incertezza di un affare di azioni può tenere un ragazzo sveglio per notti.

Questo è il motivo per cui l'abuso di alcol e droghe è stato visto tra i commercianti di azioni. Queste sostanze sono utilizzate come meccanismi di coping che finiscono per costare agli individui molto più di quanto non producano. Spesso, le persone che ricorrono all'abuso di sostanze come meccanismo di coping finiscono con un problema più grande che è dover affrontare problemi di dipendenza oltre alla loro ansia.

Quando ciò accade, i farmaci possono essere l'unico modo per aiutare chi soffre di ansia a rimettersi in carreggiata poiché il corpo, purtroppo, si abitua a quei livelli di stress insolitamente alti.

Alla fine, la migliore linea d'azione per le persone che si trovano in professioni ad alto stress è la ricerca di meccanismi di gestione sani, come la consapevolezza, che possono in ultima analisi aiutarli a gestire la loro ansia in modo molto più produttivo, portando così a una condizione mentale più equilibrata.

Cause di depressione

Tuttavia, alcune persone finiscono per essere esposte a grandi quantità di stress per periodi di tempo prolungati come anni e anni. Queste persone potrebbero finire per sviluppare quello che è noto come "stress cronico". Lo stress cronico, dato che si tratta di una condizione "cronica", potrebbe non dissiparsi mai completamente. In quanto tale, lo stress cronico non è il tipo di condizione che scompare dopo una settimana in spiaggia.

È un dato di fatto, lo stress cronico porta spesso al burnout, una condizione che è spesso un precursore della depressione vera e propria.

Quando si verifica il burnout, chi ne soffre si sente costantemente affaticato, non riesce a dormire, di solito mangia troppo, abusa di sostanze come alcol, caffeina o droghe e ricorre anche all'abuso di farmaci su prescrizione medica.

Il burnout tende a essere confuso con la depressione e la depressione tende a essere confuso con il burnout. Ci sono momenti in cui i medici prescrivono alcuni antidepressivi e una buona vacanza pensando che i malati siano solo stanchi e abbiano bisogno di una pausa. Questo è un errore critico poiché un individuo depresso in realtà richiede molto di più di una semplice pausa.

Pertanto, capire che la causa principale della depressione di una persona può essere correlata al burnout e allo stress cronico è il primo passo per aiutare il malato a rimettersi in carreggiata.

Altre volte, la depressione come radice emotiva profonda e profonda. Questo potrebbe essere il risultato di un'esperienza traumatica come la morte di una persona cara. Ciò è particolarmente vero quando una persona muore inaspettatamente o muore dopo un lungo periodo con una terribile malattia. I membri della famiglia che vengono lasciati indietro sono spesso esausti, emotivamente angosciati e in un profondo stato di tristezza.

Mentre è perfettamente normale piangere per la morte di una persona cara, una profonda tristezza, che non viene curata, può finire per diventare una vera e propria depressione. Una volta che si manifesta una vera e propria depressione, l'individuo afflitto può diventare troppo colpito per continuare una vita normale.
Inoltre, la depressione può richiedere anni per svilupparsi. Come abbiamo sottolineato, lo stress cronico può essere un fattore alla base della depressione. Ciò è dovuto al fatto che lo stress non

viene trattato, si infiamma e poi si sviluppa in una condizione molto più profonda.

Spesso la depressione ha radici nell'infanzia. Abbiamo già indicato come le case violente possono portare le persone a sviluppare qualche tipo di disturbo d'ansia. Ma è anche comune vedere adulti che provengono da un'infanzia violenta finire per sviluppare qualche tipo di depressione.

Questo tipo di depressione può essere classificata come "depressione maggiore" e può variare da una condizione debilitante in cui l'individuo può avere bisogno di una combinazione di farmaci e terapia per far fronte alla situazione o può avere bisogno di opzioni terapeutiche più forti come la riabilitazione in caso di abuso di farmaci o di prescrizione di farmaci.

Poi, ci sono altri tipi di depressione che possono derivare da condizioni puramente fisiologiche come il disturbo bipolare o la depressione post-partum. In entrambi i casi, le cause alla radice sono fisiologiche e hanno più a che fare con il corretto funzionamento del cervello rispetto a qualsiasi causa psicologica o emotiva.

Nel caso del disturbo bipolare, i farmaci sono quasi sempre l'unica scelta che i malati hanno. Ciò consente loro di riequilibrare la composizione chimica nel loro cervello e ritrovare una grande quantità di normalità nel loro funzionamento quotidiano.

Nel caso della depressione post-partum, gli squilibri chimici e ormonali residui della gravidanza possono finire per causare i sintomi più comuni come tristezza, affaticamento, irritabilità e solo un semplice senso di malinconia. Questa è una condizione che può essere trattata con una combinazione di terapia e farmaci.

La depressione è quasi sempre una condizione che non si dissipa mai del tutto, anche nel tempo e con il giusto trattamento. A differenza dell'ansia, che tende a mostrare segni di ripresa una volta che la persona ha ricevuto il trattamento, la depressione può persistere per anni e con frequenti riacutizzazioni.

Chiunque sia passato attraverso la depressione o si sia preso cura di qualcuno che ha affrontato la depressione, capirà che ci sono "giorni buoni e giorni cattivi".

Durante i "giorni buoni", il malato è spesso felice e di buon umore. Durante le "brutte giornate" le fiammate possono variare da un normale stato d'animo a un collasso totale. Questo è quando potresti vedere alcune persone che attraversano periodi di pianto e tristezza incontrollabili, con il loro corpo che si spegne semplicemente mentre dormono per diverse ore di seguito.

Questa volatilità negli stati d'animo delle persone depresse è generalmente indotta da alcuni "fattori scatenanti". Ad esempio, un individuo depresso che è in lutto per la perdita di una persona cara può subire un trigger quando entra in contatto con determinati ricordi, luoghi o oggetti. Pertanto, è fondamentale imparare a riconoscere questi trigger ed evitarli il più possibile.

Quando la depressione è una condizione puramente fisiologica, il malato deve seguire attentamente le istruzioni del medico, assumere i farmaci (se prescritti) e mantenere uno stile di vita generalmente sano ed equilibrato.

Quest'ultimo punto è molto importante poiché l'inizio di una riacutizzazione può verificarsi in qualsiasi momento. Pertanto, è importante che l'individuo riconosca i propri trigger e agisca di conseguenza quando i sintomi sono imminenti.

In questi casi, quando il malato è ben consapevole dei fattori scatenanti che scatenano i segnali attivi, è importante che possa contare su familiari e amici che lo sostengano mentre affronta l'insorgere di sentimenti negativi. Ciò è particolarmente vero quando il malato mostra pensieri e tendenze suicide.

In questi casi, questi individui necessitano di un monitoraggio costante. Altrimenti, potrebbero finire per impostare un trigger che potrebbe portarli ad agire su tali pensieri dannosi. Per questo motivo sostengo le famiglie e gli amici delle persone depresse a costruire la comunicazione e la fiducia in modo che siano in grado di sostenere e assistere la persona depressa ogni volta che ne ha bisogno.

Purtroppo a chi soffre in silenzio manca questo tipo di sostegno. E molte volte, amici e familiari scoprono la verità fino a quando non è troppo tardi. Ecco perché è della massima importanza che gli individui depressi cerchino aiuto il prima possibile. Potrebbe benissimo salvare le loro vite.

Capitolo 4: Cosa c'è dopo la Diagnosi?

A questo punto, abbiamo discusso le cause dell'ansia e della depressione, nonché i sintomi che possono essere evidenziati nelle persone con una di queste condizioni.

Abbiamo anche sottolineato l'importanza di cercare aiuto quando ci si rende conto che voi, o qualcuno che conoscete, potrebbe avere questa condizione. Questa è la parte più difficile: ammettere che avete bisogno di aiuto e poi cercarlo.

Se si cerca di raggiungere qualcuno che è afflitto da questa condizione, può sembrare praticamente impossibile raggiungerlo. Chi ne soffre può anche dire di volere aiuto, ma quando in realtà si tratta di andare a fare diagnosi e cure, potresti incontrare resistenza.

In questi casi, a meno di trascinare letteralmente qualcuno nello studio del medico, non c'è molto che puoi fare per *costringere* qualcuno a cercare aiuto. Ho usato il termine "forza" poiché non potete davvero costringere nessuno a cercare aiuto. Questo è qualcosa che ogni individuo deve davvero desiderare.

Naturalmente, ci sono casi in cui dovete agire in questo modo. Per esempio, si potrebbe nel caso di qualcuno che è un pericolo per se stesso. In tal caso, dovete intervenire subito prima che si facciano del male.

A meno che non si tratti di un caso del genere, lo scenario ideale sarebbe quello di far prendere coscienza all'individuo afflitto del fatto che ha bisogno di aiuto e che ci sono professionisti sanitari qualificati che sono in grado di fornirgli l'aiuto e il sostegno di cui ha bisogno per stare meglio.

Quindi, il primo passo inizia con l'ammettere che avete bisogno di aiuto. Quando si è in grado di ammettere di aver bisogno di aiuto, si può uscire a cercarlo.

In generale, potete rivolgervi al vostro medico curante che sarà pronto a fornirvi un trattamento immediato. Questo potrebbe essere sotto forma di farmaci che possono aiutare a trattare i sintomi più immediati come l'insonnia, o lievi antidepressivi. A quel punto, il vostro medico di base vi indirizzerebbe molto probabilmente ad uno psichiatra che potrebbe poi iniziare una serie di esami per determinare se voi, o la persona di cui vi prendete cura, soffrite di una condizione come la depressione o l'ansia.

Se vi capita di avere seri pensieri suicidi, o se la persona di cui vi prendete cura mostra seri segni di danni a se stessa, potete scegliere di portarla al pronto soccorso. In questo caso, il corso di trattamento più immediato sarebbe il farmaco. Questo farmaco sarebbe molto probabilmente un corso di antidepressivi o anche una solida dose di sonniferi.

Ora, sia che visitiate il medico di vostra iniziativa, sia attraverso una visita al pronto soccorso, è molto probabile che uno psichiatra si occupi di fornirvi una diagnosi ufficiale. Altre volte, si può essere indirizzati a un neurologo per determinare se ci potrebbe essere una condizione fisiologica che affligge l'individuo. Tale valutazione può portare a un ciclo di farmaci progettato specificamente per la condizione che colpisce l'individuo.

Se si determina che la causa è psicologica e / o emotiva, i farmaci dovrebbero essere seguiti da terapia e consulenza. In questo caso, la terapia e la consulenza hanno lo scopo di aiutare l'individuo a capire perché si sente come si sente e a trovare modi positivi per affrontare la depressione o l'ansia.

Ora, una diagnosi ufficiale di depressione o ansia non è affatto uno stigma. Sfortunatamente, c'è un alto grado di ignoranza sui problemi di salute mentale. Nella società tradizionale, le persone che soffrono di depressione o ansia sono viste come deboli e incapaci di affrontare la vita. Questo è il motivo per cui molti scelgono di soffrire in silenzio e cercano di affrontare le cose da soli.

Certo, alcuni individui mostrano un'enorme quantità di coraggio e riescono a farcela da soli. Ma c'è anche un numero uguale di individui che non riescono a farcela e finiscono per farsi del male. Purtroppo, alcuni di questi casi finiscono in una tragedia come il suicidio.

Anche una diagnosi positiva di depressione o ansia non è una condanna a vita. Certo, la gravità della condizione può lasciare una persona dipendente dai farmaci per il resto della vita. Questo è qualcosa che non deve essere escluso. Al contrario, non si deve escludere che con i farmaci e la terapia, così come con altre opzioni terapeutiche, un individuo possa ritrovare un senso di normalità nella sua vita e liberarsi dalla dipendenza dai farmaci.

Anche se l'ideale è liberarsi dai farmaci, bisogna capire che l'unica opzione terapeutica efficace può essere quella di affidarsi ai farmaci. Ciò è particolarmente vero nei casi in cui gli individui manifestano condizioni come il disturbo bipolare o casi gravi di PTSD.

Forse il fattore più importante per aiutare una persona a superare la depressione e l'ansia, soprattutto nei casi più gravi, è la creazione di un ambiente amorevole e stabile intorno a sé in cui il malato si senta sicuro e apprezzato. Ciò è particolarmente vero con bambini e adolescenti.

Quando a bambini e adolescenti viene diagnosticata una condizione come la depressione o l'ansia, le loro paure e insicurezze vengono in primo piano. Questo li porterà a mostrare un comportamento aggressivo e irregolare che potrebbe ostacolare il loro sviluppo in una certa fase. Questo è il motivo per cui un ambiente amorevole consentirebbe loro di sentirsi sicuri e consentirebbe loro di elaborare i loro sentimenti.

Nel caso degli adulti, avere un ambiente amorevole e solidale è altrettanto importante. Circondando il malato con un ambiente premuroso, inizierà a sentirsi sicuro e potrebbe essere disposto ad aprirsi su come si sente. Questo è fondamentale se si considera quanto può essere difficile per qualcuno mostrare la propria vulnerabilità.

Ecco perché un ambiente amorevole e solidale, oltre ai farmaci e alle terapie, e ad altre tecniche di benessere come la consapevolezza, diventerà vitale per aiutare voi, o la persona a cui tenete, a superare questa condizione. I

Quindi, vi incoraggerei a costruire una rete di supporto intorno a voi stessi in modo che possiate ottenere il supporto emotivo di cui avete bisogno per assicurarvi di ottenere l'aiuto di cui avete bisogno, o che siate lì per fornire l'amore e il sostegno di cui i vostri cari hanno bisogno.

Capitolo 5: Come Sconfiggere l'Ansia e la Depressione

Nei capitoli precedenti, abbiamo discusso le opzioni di trattamento tradizionali per l'ansia e la depressione. Le opzioni di trattamento tradizionali generalmente ruotano attorno a una combinazione di farmaci e terapia. Questo approccio presenta generalmente buoni risultati.

In effetti, la combinazione di farmaci e terapia tende ad essere la migliore linea d'azione, specialmente nei casi in cui vi è depressione maggiore, disturbo bipolare o persino disturbo d'ansia sociale. In questi casi, i farmaci sono quasi sempre l'opzione di trattamento più efficace poiché i sintomi sono così gravi che le persone potrebbero non essere in grado di funzionare correttamente.

Inoltre, i casi in cui gli individui non possono prendersi cura di se stessi, o addirittura mostrano segni di un potenziale danno, i farmaci seguiti da una terapia, di solito sotto forma di sedute individuali o di consulenza di gruppo, forniscono di solito i migliori risultati.

Ma che dire di quei casi in cui i sintomi non sono così gravi?

Che dire di quei casi in cui le persone sono semplicemente stressate o semplicemente depresse?

Quando ciò accade, è importante considerare come affrontare questi problemi senza ricorrere ai farmaci.

Sottolineo sempre il fatto che i farmaci non sono l'unica opzione di trattamento disponibile. Sebbene i farmaci possano essere il corso di trattamento più semplice, possono anche generare dipendenza in quelle persone che lo assumono. Naturalmente, la dipendenza non è uno scenario ideale in quanto ciò può essere correlato all'abuso di farmaci da prescrizione tra gli altri potenziali effetti secondari di farmaci prolungati.

Come abbiamo anche affermato in precedenza, è fondamentale affrontare le cause profonde dell'ansia e della depressione. Spesso queste condizioni hanno cause psicologiche ed emotive. Quando sarete in grado di identificarli, potrete iniziare ad affrontarli in modo olistico.

Altre volte, la consulenza può essere il modo migliore per affrontare queste cause profonde. Potreste trovarvi in un gruppo di supporto in cui persone simili possono condividere le loro esperienze per aiutarvi a capire cosa state provando.

In questi casi, la terapia e la consulenza offrono enormi benefici, soprattutto se si considera che l'ansia e la depressione nelle loro fasi iniziali sono perfettamente curabili e possono portare l'individuo ad una completa guarigione senza effetti duraturi.

Come ho affermato in precedenza, i sintomi non trattati possono peggiorare fino a diventare ansia e depressione in piena regola. Ciò può portare le persone a diventare debilitate e incapaci di far fronte alla realtà che stanno affrontando. Quando ciò accade, aiutare le persone a riprendersi e ritrovare un senso di normalità può rivelarsi incredibilmente difficile.

Di conseguenza, cogliere queste condizioni appena iniziano diventa una misura imperativa da prendere. Quindi, per favore, tornate indietro, se proprio dovete, al capitolo in cui abbiamo discusso i segnali di avvertimento precoce che potete guardare fuori da voi stessi, o da qualcuno che sospettate possa passare attraverso questo.

Come tale, cercheremo un ulteriore modo per aiutare a superare l'ansia e la depressione che non sono legate ai farmaci e alla terapia. Questi sono modi in cui potete trovare pace, conforto e conforto, specialmente quando siete giù di morale. Inoltre, queste strategie possono aiutarvi ad affrontare l'ansia e la depressione in modo proattivo, soprattutto se siete già in terapia e state già assumendo farmaci.

Mindfulness e meditazione

La consapevolezza è il primo passo per aiutare chi soffre di ansia e depressione ad affrontare i propri sintomi.

Questa pratica prevede tecniche di meditazione e rilassamento che possono aiutarti ad affrontare i sintomi associati all'ansia e alla depressione. In particolare, queste tecniche possono aiutare quando si avverte l'insorgenza di sintomi che possono portare a un attacco di ansia o semplicemente abbattere.

La pratica delle tecniche di consapevolezza vi aiuterà a prendere in mano i vostri sentimenti aiutandovi a sviluppare un senso di introspezione, cioè a capire perché vi sentite così e a riconoscere quando i sintomi, come i pensieri negativi, cominciano a prendere piede.

Quindi, potete iniziare con una buona meditazione vecchio stile.

Ora, la meditazione non consiste nello stare seduti in un giardino tranquillo, respirare e ripetere un mantra. La meditazione è ascoltare se stessi, i propri pensieri ed essere in grado di esaminare i propri sentimenti da una prospettiva di terzi. Quando sarete in grado di raggiungere questo obiettivo, sarete in grado di capire cosa fa scattare i vostri sentimenti. Per esempio, potrebbe essere un ricordo d'infanzia represso, un oggetto che ricorda qualcuno o la visita di un luogo che fa scattare il ricordo di un'esperienza spiacevole.

In quanto tale, la meditazione, come pratica regolare, vi aiuterà a ottenere un maggiore controllo sui vostri sentimenti e su come percepite voi stessi.
Ecco una semplice pratica che mi piace fare soprattutto quando sono stressato.

Mi piace trovare un momento tranquillo a casa mia e sedermi sulla mia sedia preferita. So che questo può essere estremamente difficile da fare, soprattutto se avete bambini che corrono per casa tutto il giorno. Infatti, che ci crediate o no, l'ho fatto in macchina quando non riesco a trovare pace da nessun'altra parte.

Per iniziare, sedetevi sulla vostra sedia preferita e chiudete gli occhi. Mettete le mani sulle ginocchia e cominciate a respirare lentamente. Se vi accorgete di essere in difficoltà, cercate di rallentare il respiro facendo dei respiri profondi. Potete inspirare, trattenere per tre secondi e poi espirare finché non sentite che i vostri polmoni sono vuoti. Quindi inspirate di nuovo e trattenete.

Mentre lo fate, provate ad "ascoltare" il vostro respiro. Mentre ascoltate il vostro respiro, sarete bombardati da ogni tipo di pensiero. Questi pensieri possono andare dalle cose a caso che avete visto nel corso della vostra giornata, ai pensieri folli e spiacevoli che potrebbero perseguitarvi.

Fate del vostro meglio per non soffermarvi sulle bollette, il lavoro, il vostro capo, i bambini, i problemi con l'auto, le persone care che se ne sono andate e anche le esperienze traumatiche che avete vissuto. Vi verranno incontro da tutte le angolazioni. Ma lasciateli passare. Guardateli volare. Una dopo l'altra. Immaginate di essere solo un osservatore che guarda uno spettacolo. Concentratevi sul vostro respiro.

Se sentite l'ansia che si accumula, fate attenzione al motivo per cui vi sentite così. Perché vi sentite come vi sentite? Quali pensieri stanno innescando questa reazione?

Quando si presta molta attenzione a questi sentimenti, si diventa più consapevoli dei propri fattori scatenanti.
Forse è stato qualcosa che qualcuno ti ha detto che ti ha ferito profondamente.

Forse è stato qualcosa che ha visto e che le ha ricordato un'esperienza spiacevole, o addirittura traumatica.

In ogni caso, concentratevi sul perché vi sentite così. Ma non smettere di respirare!

Man mano che l'ansia si accumula, potreste ritrovarvi ad iniziare a prendere fiato. È qui che dovete rallentare le cose. Rallentate il respiro e concentratevi sull'"ascolto" di ogni respiro. Mentre lo fate, vi ritroverete a gestire i vostri pensieri e i vostri sentimenti.

Non abbiate paura di affrontare il vostro pensiero. Dopotutto, sono solo pensieri. Per quanto spaventosi e scoraggianti possano essere, sono solo pensieri. Sono nella vostra testa. Non avete nulla di cui aver paura.

Questa pratica è ottima soprattutto per le persone che hanno difficoltà a dormire. In effetti, ad alcune persone piace ascoltare musica soft mentre lo fanno sono impegnate in questo esercizio. Personalmente, adoro la musica soft per pianoforte. Questo tipo di musica è rilassante e mi aiuta a concentrarmi meglio sulla mia respirazione.

In effetti, questo esercizio funziona così bene che mi sono addormentato abbastanza spesso. Come ho detto, è fantastico quando non riesci a dormire perché tutti i tipi di pensieri ti attraversano la mente. Vi incoraggio a provare questo esercizio quando siete stanchi e non riuscite a dormire. Potete sdraiarvi nel vostro letto, in una posizione comoda e immaginare i vostri pensieri, uno ad uno, mentre volano via dagli occhi della vostra mente. Presto vi troverete come una luce.

Essere presenti

Ma la consapevolezza non riguarda solo la meditazione.

La consapevolezza è un'attività 24 ore su 24, 7 giorni su 7, che svolgete ovunque e in qualsiasi momento.

Un grande esercizio di consapevolezza è essere "presenti". Quando siete presenti, non vi preoccupate del passato del futuro. Vi preoccupate solo del "qui" e dell'"ora". Certo, non possiamo cancellare il passato con un marcatore magico gigante, e non possiamo scartare il futuro perché dobbiamo prepararci al meglio. Ma essere presenti significa che, in questo momento, non c'è nient'altro intorno a te. Voi siete l'unica cosa che esiste. Questo vi aiuterà a concentrarvi su ciò che sta succedendo al momento e nient'altro.

Essere presenti non significa "dimenticare" il passato e il futuro, ma non preoccuparsi di loro. Il passato è fatto, ed è dietro di voi, mentre il futuro potrebbe anche non accadere; da qui il trucco!

Potreste essere preoccupati per qualcosa che potrebbe anche non accadere!

È così che essere presenti è esattamente il modo migliore per lasciarsi andare al futuro.

Lasciar andare il futuro?
Esatto!

Quando smetterete di concentrarvi su ciò che potrebbe o non potrebbe accadere e vi preparerete a tutto ciò che potrebbe accadere, vi metterete in una grande posizione per uscirne vittoriosi.

Considerate questo esempio:
Diciamo che siete in ansia per la vostra salute. Potreste sentirvi molto preoccupati di pagare le spese sanitarie. Quindi, potreste decidere di acquistare un'assicurazione per voi e la vostra famiglia. In questo modo, siete coperti in caso succeda qualcosa. Adottando un approccio proattivo (ottenere un'assicurazione), si copre la propria posizione in modo tale da non doversi preoccupare di come si pagheranno le bollette, dato che si dispone già di una copertura.

Ora, questo esempio può sembrare molto semplicistico, ma dimostra come qualcosa di semplice possa preparare qualcosa di più grande lungo la strada.

Lo stesso vale per il passato.

Quando ci si sofferma sul passato, ci si sofferma su qualcosa che non si può cambiare.

Che cosa volete dire?

Beh, significa che non serve a nulla soffermarsi su qualcosa su cui non si ha alcun controllo. Il passato è finito. Questo fatto non necessita di alcuna aggiunta. Ora avete il controllo del presente. Per questo è di vitale importanza vivere nel presente; nel "qui" e nell'"ora". Con l'acquisizione di maggiore pratica ed esperienza nel controllo della situazione attuale e dell'ambiente circostante, sarete in grado di sfruttare al meglio le situazioni che sono a portata di mano. Sarete in grado di rinunciare al controllo su cose su cui potreste non avere alcun controllo.

Il caso di una dieta sana ed esercizio fisico

Un'alternativa comunemente trascurata è una dieta sana e un regolare esercizio fisico. Questa combinazione vi aiuterà a sentirvi molto meglio con voi stessi. Man mano che diventerete più sani e più in forma, otterrete una spinta alla vostra autostima. Man mano che la vostra autostima sale, sarete in grado di concentrarvi maggiormente sul miglioramento continuo di voi stessi.

Inoltre, si raccomanda vivamente di moderare l'assunzione di alcuni cibi e bevande che potrebbero danneggiarvi. Ad esempio, il consumo di quantità eccessive di caffeina, di bevande energetiche e di altre sostanze stimolanti può provocare momentanee esplosioni di energia ed euforia, ma può lasciarvi a terra quando gli effetti degli stimolanti si esauriscono.

In altri casi, il consumo eccessivo di cibo spazzatura può portarvi a mangiare in modo incontrollato. Questo è particolarmente vero quando il cibo viene utilizzato come meccanismo di coping. Quando questo accade, ci si può trovare a consumare grandi quantità di cibo ad alto contenuto di grassi, colesterolo, sodio e zuccheri. Questo può portare a diventare obesi e anche scatenare altri problemi di salute come il diabete e le malattie cardiache, tra le altre condizioni.

Inoltre, si raccomanda anche a chi soffre di depressione e di ansia di "ripulire il proprio atto", cioè di ridurre, se non di smettere completamente, le sigarette, la marijuana o qualsiasi altro uso "ricreativo" di droghe. Inoltre, ridurre, se non eliminare, il consumo di alcol è l'ideale durante il processo di recupero.

Proprio come si può diventare dipendenti dai farmaci durante il recupero, si può diventare dipendenti anche da altre sostanze. A questo proposito è importante tenere conto della necessità di evitare il consumo eccessivo di determinate sostanze.

Per quanto riguarda l'esercizio fisico, esercitarsi regolarmente è un ottimo modo per migliorare il proprio umore. Quando si pratica qualsiasi tipo di attività fisica, il cervello inizia a rilasciare endorfine. Questo è l'ormone che è associato alle buone sensazioni. Ecco perché si tende ad avere una buona sensazione dopo aver terminato l'allenamento.

Inoltre, fare del proprio meglio per essere in forma vi farà sentire meglio con voi stessi. Di conseguenza, quando vi sentirete bene con voi stessi, sarete in grado di gestire meglio i pensieri negativi. Man mano che diventerete più in forma e vi rimetterete in forma, questo aumenterà il vostro umore e la vostra fiducia, poiché lavorerete a una versione migliore di voi stessi. Dopo tutto, chi non vuole apparire in forma e attraente?

L'esercizio dovrebbe riguardare anche il coinvolgimento in attività che vi piacciono. Per esempio, c'è uno sport che vi piace giocare come il basket o il calcio. Così, quando si partecipa a questo sport, il vostro umore comincerà a migliorare dal momento che state facendo qualcosa che vi piace.

Ricordo un amico che una volta mi ha raccontato perché ha iniziato a giocare a tennis. Era un dirigente di vendita ad alto potere. Era costantemente al telefono a fare accordi e non aveva quasi nessun tipo di rallentamento. Aveva un capo duro che richiedeva risultati. Il mio amico era chiaramente uno dei migliori in quello che faceva, ma dopo un po' ha cominciato a sentire gli effetti dello stress costante dovuto alla vita frenetica.

Quindi, ha iniziato a giocare a tennis.

Ma il tennis non era il primo sport che aveva provato. In realtà, aveva provato diversi sport e li aveva abbandonati tutti.

Perché?

Beh, mi ha detto che non riusciva a concentrarsi su quello che stava facendo. I pensieri sul lavoro e sul raggiungimento degli obiettivi gli venivano sempre in mente. Di conseguenza, non poteva godersi quello che stava facendo perché era costantemente preoccupato per il lavoro che si era lasciato alle spalle.

Poi ha scoperto il tennis.

Con le sue stesse parole, mi ha detto quanto fosse difficile per lui colpire la palla. Quindi, aveva davvero bisogno di concentrarsi e concentrarsi per poter colpire la palla.

Voilà! Proprio così.

È stato in grado di trovare uno sport in cui concentrarsi completamente e dimenticare l'ufficio. Forse la sua necessità di concentrarsi sulla concentrazione sulla palla era dovuta alla mancanza e alla coordinazione occhio-mano. Ma qualunque cosa fosse, il tennis divenne per lui uno sbocco. Ben presto, ha fatto amicizia nel suo club di tennis. Questo gli ha permesso di controllare la sua ansia e migliorare la sua salute e il suo benessere generale.

Pertanto, vi incoraggio a trovare uno sport, o una routine di esercizio fisico, che possa aiutarvi a tenere la mente lontana dai fattori di stress che gravano sulla vostra salute mentale.

Aromaterapia

Un modo molto discreto per tenere sotto controllo i pensieri negativi può essere l'aromaterapia.

Circondandosi di profumi piacevoli, si invia un segnale positivo al cervello. Questi piacevoli profumi vi aiuteranno a mantenere un'atmosfera positiva nel vostro ambiente abituale.

In particolare, profumi come lavanda e vaniglia sono ottimi per aiutare le persone a rilassarsi. Ciononostante, vi incoraggio a trovare il vostro profumo preferito e a spargere il vostro profumo intorno a voi. Questo potrebbe essere nel vostro ufficio, nella vostra camera da letto, e certamente nella vostra auto.

Inoltre, bruciare l'incenso è un ottimo modo per ottenere quell'effetto calmante che viene fornito con profumi piacevoli. Anche se non si può bruciare l'incenso ovunque si vada, si può certamente tenere qualche bastone a portata di mano a casa e in ufficio.

È stato dimostrato che i profumi piacevoli, anche quelli di profumo e di colonia, possono contribuire a ridurre notevolmente l'ansia. Quindi, non essere lesinato sui profumi piacevoli. Prendete quel profumo, o acqua di colonia, che amate. Chiedete all'altra persona importante di indossare il profumo che amate. E non dimenticate di usare gli oli essenziali per dare all'ambiente circostante quel tocco di sollievo in più.

Non dimenticare le immagini

È sorprendente come le immagini abbiano un impatto positivo e negativo sull'umore di una persona. Un ambiente disordinato e disordinato spesso fa sì che ci si senta anche peggio di quanto non si senta già. Al contrario, una situazione ordinata e ordinata vi aiuterà a sentirvi molto meglio con voi stessi.

Questo è il motivo per cui si consiglia vivamente di mantenere un ambiente piacevole e ordinato intorno a voi. Questo vale sia per la casa che per il lavoro. E vale anche per le auto e persino per i portafogli.

Quando vi trovate in un ambiente disordinato che può anche essere pieno di cose inutili, vi sarà difficile trovare un posto sicuro da chiamare casa. Si può finire per diventare ansiosi e stressati perché non si riesce a trovare quello che si sta cercando.

Inoltre, una situazione disordinata è quasi sempre un precursore della depressione.

Quindi, prendetevela con voi stessi per mantenere la vostra auto, camera da letto, ufficio e soggiorno il più ordinato possibile. Ora, non sto dicendo che bisogna diventare ossessionati dalla pulizia. Quello che voglio dire è che un ambiente ordinato e ordinato farà meraviglie per aiutarti a sentirti molto meglio con te stesso.
Quindi, è certamente conveniente prendersi del tempo in più per assicurarsi di avere tutto ciò di cui si ha bisogno a portata di mano. Avendo tutto in un unico posto, e sapendo dove si trova tutto, sarete in grado di ridurre l'ansia fornendovi certezza e sicurezza.

Prendete un animale domestico

È stato scoperto che gli animali domestici aiutano a ridurre l'ansia e la depressione.

In particolare, è stato scoperto che i cani possono aiutare le persone ansiose a trovare un compagno fedele che le aiuterà a trovare un equilibrio. Qualcosa di semplice come accarezzare un cane può aiutare a ridurre drasticamente l'ansia. Ho conosciuto persone che prendono un cane o un gatto, e semplicemente giocando con loro, accarezzandoli e avendo un amico in giro tutto il tempo, aiuta a ridurre l'ansia con un margine significativo.

Avere animali domestici può anche aiutare le persone depresse a stare meglio fornendo compagnia soprattutto quando le persone depresse soffrono in silenzio.

In sostanza, ciò che fa un animale domestico è che fornisce compagnia incondizionata soprattutto quando il malato sente di essere frainteso o segnalato ingiustamente per qualsiasi motivo. Poiché gli animali domestici non possono parlare e comportarsi allo stesso modo degli esseri umani, i malati trovano un compagno che non giudica. Spesso gli animali domestici sono lì per fornire conforto durante i periodi di difficoltà.

Mentre cani e gatti sono le scelte più comuni, altre persone amano gli uccelli da compagnia, i pesci e persino i criceti. Il nocciolo della questione è che avere un animale domestico aiuta a deviare l'energia negativa in qualcosa di più positivo, come prendersi cura di un animale domestico.

Essendo lì per il vostro animale domestico, anche voi potete avere un senso di scopo. Altre volte, gli animali domestici possono diventare quell'ascoltatore imparziale e attento che non emette giudizi su come ci si sente. Vi ascolteranno gentilmente e vi daranno tutto l'amore che sono capaci di dare.

Un'opzione di trattamento efficace per l'ansia, soprattutto nei bambini, è la terapia equino assistita. Questo tipo di terapia ha dimostrato di aiutare i bambini a rilassarsi e a diventare più sicuri di sé. Si è dimostrato particolarmente efficace con i bambini che hanno una qualche forma di disabilità.

Il cavallo ha un effetto così potente sugli esseri umani che il legame che una persona può creare con un cavallo, specialmente per i bambini, ispirerà fiducia e sicurezza. Questo è ciò che consente alla terapia assistita da equini di diventare veramente efficace. Quindi, vi incoraggio a indagare su questo, soprattutto se avete un bambino o un adolescente che può avere problemi di ansia o depressione.

Alla ricerca di una potenza superiore

Ci sono momenti in cui cercare un potere più alto può aiutare le persone depresse a dare il via alla tristezza.

Impegnandosi in attività spirituali, individui ansiosi o depressi possono trovare conforto e conforto in un luogo di culto.

In generale, cercare di connettersi con il proprio sé spirituale vi permetterà di connettervi con uno scopo più profondo per la vostra vita. Dopotutto, abbiamo tutti uno scopo nella vita. La sfida sta cercando di scoprire di cosa si tratta.

È qui che gli individui ansiosi e depressi trovano uno scopo nella vita. Questo permette loro di dare un calcio al blues e di incanalare la loro energia nella ricerca di una connessione più profonda con la missione generale della vita.

La ricerca di un potere superiore è particolarmente forte per gli individui depressi. Quando una persona depressa sente che c'è una connessione con un essere superiore, sente di non essere sola. Per coloro che hanno solide convinzioni religiose, possono trovare conforto nel sapere che la loro fede è in grado di aiutarli a superare qualunque crisi stiano attraversando.

Altre volte, le chiese forniscono un gruppo sociale che può fungere da gruppo di sostegno. Personalmente ho scoperto che i gruppi di preghiera nelle chiese fanno davvero miracoli sorprendenti. È il potere di questa energia collettiva che fa sentire il malato fiducioso e rassicurato. Questa energia positiva diventa una nuova mentalità per le persone depresse e ansiose.

Un'altra strategia significativa non è evidenziare i passaggi del vostro libro di adorazione. Questi passaggi dovrebbero consolarvi quando siete giù e ricordarvi che c'è sempre qualche potere superiore con voi che può aiutarvi a superare qualsiasi cosa stiate passando.

Man mano che la vostra connessione spirituale si approfondisce, sarete sulla via della guarigione.

Un nuovo inizio

Oltre a tutto ciò che abbiamo evidenziato in questo capitolo, un nuovo inizio può rivelarsi proprio quello che il medico ha ordinato.

Ci sono momenti in cui la depressione si manifesta a causa di una serie di eventi avversi. Per esempio, potreste perdere il lavoro, la casa, la macchina e persino finire in divorzio. Un'esperienza traumatica di questo tipo può certamente portare a gravi condizioni di ansia e depressione.

Quindi, come complemento a tutte le opzioni che abbiamo descritto in questo capitolo, ciò di cui potreste aver bisogno è un nuovo inizio. Spesso, questo assume la forma di trasferirsi in un'altra città e ricominciare da capo. Questo è tipico quando una specifica posizione geografica lo rende insopportabile per chi ne soffre e fa scattare continuamente i triggers.

Ho trovato utile pulire la lavagna a intervalli regolari.

Ad esempio, uso ogni nuovo mese come una nuova opportunità per fare qualcosa di grande di me stesso. Questo è particolarmente vero quando hai una serie negativa. L'inizio di un nuovo mese può fornirvi una pietra miliare psicologica con la quale potete ricominciare da capo e lasciarvi quelle esperienze negative alle spalle.

L'unico periodo dell'anno che vi avverto di fare attenzione a ricominciare da capo è quello di Capodanno. Questa occasione è un classico momento in cui la gente, in generale, si butta nella mischia. Per una persona che ha a che fare con la depressione e l'ansia, può diventare allettante fare alcune risoluzioni di Capodanno che possono o non possono funzionare.

Tuttavia, una segnaletica psicologica come l'inizio di un nuovo anno può offrire la possibilità di premere il pulsante "reset". Certo, non è così facile come sembra, ma si può fare il primo passo per cambiare la propria situazione e il modo in cui ci si sente a contatto con l'ambiente circostante.

Ultime riflessioni

In questo capitolo abbiamo discusso i vari modi in cui è possibile affrontare l'ansia e la depressione da una prospettiva completamente diversa che va oltre la terapia e i farmaci. Anche se questo approccio è certamente efficace nell'aiutare la maggior parte delle persone a rimettersi in carreggiata, l'attuazione di una qualsiasi delle strategie discusse in questo capitolo aiuterà i malati a rimettersi in carreggiata e a rimanerci.

Quindi, se siete giù di morale o se qualcuno che conoscete non si sente bene, uno qualsiasi di questi consigli vi aiuterà ad aumentare la loro fiducia e la loro autostima. Sono certo che questi consigli e queste tecniche contribuiranno a far sì che voi, o i vostri cari, continuerete ad essere membri sani e produttivi della società.

Capitolo 6: Comprensione dei Diversi Tipi di Depressione

Finora abbiamo discusso di cosa sia la depressione, dei suoi sintomi e delle opzioni di trattamento. Abbiamo anche toccato la definizione generale di depressione, cioè un profondo stato di sconforto e di sconforto. Tuttavia, ci sono specifici tipi di depressione, o divisione, in cui questa condizione può essere classificata.

Quindi, in questo capitolo, esamineremo più da vicino ognuna di queste divisioni per comprendere meglio i tipi specifici di depressione che possono colpire un individuo e per conoscere la differenza tra ogni tipo di depressione.

La depressione maggiore

Questo primo tipo di depressione è noto come "depressione maggiore". Abbiamo già discusso a lungo di questo tipo di depressione. Quindi, vale la pena notare che una persona può essere diagnosticata con questo tipo di depressione quando mostra cinque o più dei sintomi associati alla depressione che sono:

1. Affaticamento cronico
2. Aumento o perdita di peso
3. Difficoltà nel dormire
4. Ipersonnia
5. Mancanza di concentrazione
6. Perdita di interesse per attività piacevoli
7. Ritiro dall'interazione sociale
8. Pensieri suicidi

9. Sentirsi in colpa
10. Irritabilità insolita

Questi sintomi, sebbene non esaustivi, sono i tratti distintivi della depressione maggiore. In questo modo, quando una persona mostra costantemente questi sintomi, può essere diagnosticata una depressione maggiore e possono essere fornite opzioni di trattamento come quelle già discusse nei capitoli precedenti.

Disordine bipolare

Il Disturbo Bipolare (BD), è considerato un tipo di depressione ed è generalmente attribuito a cause fisiologiche. Questa condizione è evidenziata da violenti sbalzi d'umore che passano dagli estremi opposti dello spettro.

Per esempio, una persona con BD può essere felice di svolgere un'attività e poi improvvisamente diventare profondamente malinconica alla prima goccia di un cappello. Eventi specifici generalmente innescano questo tipo di sbalzi d'umore.

Poiché i fattori fisiologici causano tipicamente questa condizione, i farmaci vengono quasi sempre prescritti insieme alla terapia, in modo che il malato possa familiarizzare con le opzioni a sua disposizione in termini di gestione di questa condizione.

Disturbo Affettivo Stagionale

Il Disturbo Affettivo Stagionale (SAD), è un tipo di depressione associato ai cambiamenti stagionali nei modelli meteorologici. È attribuito alla mancanza di sole e alle condizioni meteorologiche associate alla primavera e all'estate. Il SAD è comune nei paesi in cui ci sono inverni rigidi o piogge significative.

In particolare, il SAD è innescato dalla persistenza di condizioni meteorologiche che limitano la capacità di una persona di svolgere attività comuni e ne limitano la mobilità. In quanto tali, possono essere rattristati dalla loro incapacità di uscire e di godersi l'ambiente circostante.

Per questo tipo di depressione, un medico può prescrivere un blando antidepressivo, anche se l'uso di tecniche come la consapevolezza e la meditazione è un ottimo modo per aumentare l'umore e migliorare le prospettive generali del paziente nella vita.

Depressione Psicotica

Questo tipo di depressione contiene, se non tutti, la maggior parte dei sintomi della depressione maggiore oltre ai seguenti:

- ☒ Paranoia profonda
- ☒ Allucinazioni
- ☒ Delirio

Questi sintomi, in sostanza, trasportano il malato fuori dalla realtà e in uno stato in cui si sente, o crede, che qualcosa o qualcuno stia cercando di prenderli.

Una persona che mostra questi sintomi può ricevere un trattamento per altri disturbi mentali come la schizofrenia, ha pensato che un operatore sanitario sarebbe stato consigliato di scavare più a fondo nelle cause del comportamento psicotico.

Una nota molto importante è che gli episodi psicotici non sono necessariamente accompagnati da uno sfogo di violenza in cui il malato intende fare del male a se stesso o agli altri che lo circondano. Questi episodi possono essere evidenziati da pianti o singhiozzi incontrollabili, da sentimenti paralizzanti che rendono il sofferente incapace di prendersi cura di se stesso e da seri pensieri di suicidio.

Gli episodi psicotici sono generalmente trattati con sedativi per tenere sotto controllo il malato. Inoltre, possono essere somministrati potenti farmaci antidepressivi o antipsicotici.

Depressione post-partum

Questo tipo di depressione segue il parto. Può colpire le donne di tutte le forme e dimensioni e non può essere attribuito ad alcun tipo di predisposizione fisiologica o emotiva. Poiché è generalmente ormonale, i medici possono scegliere di prescrivere un corso di trattamento ormonale di regolamentazione ormonale in contrapposizione agli antidepressivi.

Le donne che vanno in depressione post-partum sono incoraggiate a chiedere consiglio come mezzo per capire che cosa stanno passando e come possono gestire i loro sentimenti. Questa condizione generalmente scompare nel tempo e potrebbe non richiedere ulteriori trattamenti.

Bisogna fare attenzione, perché la depressione post-partum non curata può infestarsi ed eventualmente trasformarsi in una depressione maggiore.

Disturbo Disforico Premestruale (PMDD)

Questo tipo di depressione può essere evidenziata prima dell'inizio del ciclo mestruale di una donna. Trattandosi di ormoni, il medico può prescrivere un blando antidepressivo o anche contraccettivi orali per bilanciare il carico ormonale nel corpo del paziente. È considerata una condizione lieve, anche se, con qualsiasi tipo di depressione, non dovrebbe essere lasciata non trattata quando i sintomi persistono.

Depressione situazionale

Depressione situazionale non è un termine ufficiale, ma è comunemente usato per indicare una condizione in cui una persona è afflitta da eventi o situazioni specifiche che possono portare a mostrare i segni di una depressione maggiore.

Per esempio, questo potrebbe essere il caso di persone che sono molto stressate sul lavoro, a scuola o che hanno vissuto un'esperienza traumatica. Spesso, questo può essere correlato a PTSD e trattato come tale. Altre volte, un medico può diagnosticare l'ansia e prescrivere terapia e consulenza prima di assumere farmaci.

I sintomi della depressione situazionale generalmente si attenuano una volta che il malato viene rimosso dall'evento stressante.

Sindrome depressiva atipica

Questo tipo di depressione può essere considerato come tale in individui che non hanno alcuna causa apparente di depressione e non presentano la maggior parte dei sintomi associati alla depressione maggiore. Per esempio, possono presentare uno o due sintomi, ma non mostrano i segni di una vera e propria depressione maggiore. Per questo motivo, è importante monitorare il comportamento di questa persona da quando non è stata curata; la depressione atipica può trasformarsi in una condizione grave che può lasciare il malato in una condizione molto peggiore di quanto inizialmente previsto.

Per chiudere questo capitolo, vorrei incoraggiarvi a chiedere un consiglio medico quando vedete che voi, o qualcuno che vi prende cura di voi, mostrate uno o più sintomi o questi sintomi di una certa consistenza. Potendo affrontarli in tempo, potrete evitare una grave condizione medica che potrebbe richiedere una terapia e un trattamento farmacologico prolungato. Cercando aiuto, si può fare il primo passo verso il recupero di un senso di normalità nella vita di tutti i giorni.

Capitolo 7: Rimedi Alternativi per Superare la Depressione

In questo libro abbiamo discusso le opzioni di trattamento per ansia e depressione.

Come indicato in precedenza, la depressione tende quasi sempre a essere trattata con un corso di farmaci. I farmaci su prescrizione generalmente trattano le reazioni chimiche nel cervello che causano la maggior parte dei sintomi associati alla depressione.

Inoltre, vengono prescritte anche consulenze e terapie per aiutare i malati a gestire meglio i loro sintomi e cosa possono fare per migliorare la loro visione d'insieme della vita e della condizione con cui hanno a che fare.

In questo capitolo esamineremo tre modi in cui puoi utilizzare i rimedi casalinghi per affrontare i sintomi della depressione. Va notato che questi rimedi, in nessun modo, dovrebbero sostituire il trattamento fornito da un operatore sanitario. Tuttavia, questi rimedi possono essere utilizzati in tandem per aiutare il malato ad affrontare i sintomi associati alla depressione, soprattutto in modo proattivo.

Massoterapia

Quando pensi ai massaggi, cosa vi viene in mente?

Esatto!

Relax.

La terapia con il massaggio è un ottimo modo per alleviare l'insorgenza di sentimenti negativi associati alla depressione. In quanto tale, è importante che il malato sia consapevole dell'insorgere di questi sentimenti per cercare aiuto.

Questo tipo di terapia può essere fatta in tandem, o anche da soli, massaggiando e stimolando alcuni punti di pressione come le piante dei piedi.

In sostanza, la terapia di massaggio può essere qualcosa di semplice come un massaggio alle spalle o ai piedi quando i sentimenti cominciano a manifestarsi, oppure può essere un massaggio su tutto il corpo.

È qui che ho indicato che la massoterapia può essere utilizzata come approccio proattivo.

Come è possibile?

Ebbene, chi ne soffre può scegliere di partecipare a regolari sedute di massaggio in cui il massaggiatore può concentrarsi su specifiche parti del corpo, o semplicemente fare un massaggio completo del corpo. In ogni caso, il massaggiatore deve essere consapevole del motivo del massaggio, in modo che possa tenerne conto.

Inoltre, chi ne soffre può cercare di alleviare i dolori alla schiena, che possono anche derivare da una cattiva postura o da spasmi muscolari dovuti a grandi quantità di stress e ansia.

Il trattamento con il massaggio deve essere discusso in anticipo con il medico per capire e concordare le migliori opzioni disponibili per il malato e massimizzare i benefici derivanti da questo tipo di trattamento.

Integratori a base di erbe

Si ritiene che gli integratori a base di erbe, come l'erba di San Giovanni, aiutino a combattere i sintomi della depressione, sebbene non vi siano prove scientifiche conclusive a sostegno di questo concetto. Questo non vuol dire che il consumo di integratori a base di erbe non sia raccomandato o inefficace. Ciò significa che gli integratori a base di erbe possono finire per fare poco per aiutare effettivamente le condizioni del malato.

Questo è il motivo per cui devi parlare con il vostro medico prima di assumere qualsiasi integratore a base di erbe. Naturalmente, gli integratori a base di erbe raramente causano qualsiasi tipo di interazione con i farmaci tradizionali, ma vale la pena di discutere come il vostro medico dovrebbe essere a conoscenza di tali decisioni.

Ora, l'assunzione di integratori a base di erbe come approccio proattivo, soprattutto quando non si è in terapia farmacologica può rivelarsi una valida opzione, soprattutto quando si stanno attraversando periodi prolungati di stress a causa di un lavoro ad alto stress, la scuola, o qualsiasi altra situazione che può portare a mostrare alcuni segni di sintomi simili alla depressione.

Un altro integratore a base di erbe che è ampiamente creduto per aiutare a ridurre i sentimenti di ansia e promuovere un buon sonno è la radice di valeriana.
Questo integratore è immediatamente disponibile e può essere assunto regolarmente quando una persona si trova in una situazione stressante o potrebbe avere problemi a dormire.

Inoltre, si ritiene che aiuti a promuovere il benessere generale nei malati di depressione.

Come per l'erba di San Giovanni, dovreste discutere questa integrazione con il vostro medico se siete sotto farmaci. Se non siete sotto farmaci, allora questo integratore potrebbe essere usato per aiutarvi a rilassarvi e distendervi alla fine di una giornata stressante.

Altre indicazioni per questo integratore sono che può essere assunto durante il giorno, soprattutto in situazioni di stress. Vi consiglio di portarlo prima a casa e di vedere come reagisce il vostro corpo. In questo modo, se scegliete di prenderlo al lavoro o a scuola, potete essere pronti per la reazione che questo avrà sul vostro corpo.

Non dimenticare lo yoga

L'ultimo rimedio casalingo che vorrei consigliare è lo yoga.

Yoga e meditazione vanno generalmente di pari passo, anche se la meditazione è generalmente un esercizio mentale ed emotivo, mentre lo yoga è un esercizio puramente fisico.

Quando si fa yoga, le posizioni richiedono di concentrare la mente e il corpo su come si deve modellare il corpo per raggiungere tali posizioni. Questo tende a distogliere la mente dalle cause dello stress e dai pensieri negativi e concentrarsi sugli esercizi che vengono eseguiti.

Alcune persone pensano che lo yoga sia fatto meglio in gruppo piuttosto che da soli. Questo potrebbe essere un ottimo modo per trovare un equilibrio, soprattutto se si soffre di ansia sociale.

Inoltre, lo yoga è un ottimo modo per iniziare la giornata con una nota positiva. Da 30 a 45 minuti di esercizi di yoga possono aiutarvi a sentirvi rilassati e a sentirvi molto più a vostro agio con voi stessi e con l'ambiente circostante. I terapeuti spesso prescrivono lo yoga per i suoi effetti di rilassamento su chi soffre di ansia.

Per chi soffre di depressione, lo yoga può essere un ottimo modo per fare esercizio senza nemmeno dover uscire di casa. Quindi, è sicuramente un'opzione che vale la pena esaminare. Ci sono molti tutorial di yoga online. In quanto tale, potete eseguire queste routine comodamente da casa vostra.

Lo yoga, combinato con la consapevolezza e la meditazione, vi aiuterà a connettervi con voi stessi a un livello molto più profondo. Di conseguenza, sarete in grado di trovare un equilibrio tra voi stessi e una coscienza più profonda che vi circonda.

Vi incoraggio vivamente a provare lo yoga. È uno dei pochi esercizi che fornisce pratica sia fisica che mentale.

Capitolo 8: Rimedi Alternativi per Superare l'Ansia

Nel capitolo precedente abbiamo esaminato una serie di rimedi che potete utilizzare a casa vostra per aiutarvi a superare l'ansia e i sentimenti di tristezza, insieme ai sintomi fisici.

In questo capitolo ci concentreremo sui rimedi che possono aiutarvi ad affrontare l'ansia. Mentre la depressione è una condizione clinica che spesso richiede attenzione medica oltre ai farmaci, chi soffre di ansia può non essere al punto in cui ha bisogno di farmaci; ha solo bisogno di trovare il giusto equilibrio per essere in grado di affrontare lo stress della propria vita.

In quanto tale, questo capitolo si concentra su cosa fare e cosa non fare. Vale quindi la pena di tenere d'occhio i rimedi che potete mettere a disposizione per aiutarvi a ritrovare un equilibrio nella vostra vita quotidiana.

Elimina caffeina, sigarette, alcol e zucchero

In generale, l'ansia ha le sue radici negli squilibri psicologici ed emotivi. Quando questo accade, ci si può trovare a cadere preda di grandi quantità di stress che vengono con lavori e carriere specifiche o semplicemente a dover convivere con situazioni negative come la morte di una persona cara, la malattia, il disagio finanziario tra le altre situazioni stressanti.

Quando ciò accade, le persone tendono a ricorrere all'abuso di sostanze come meccanismo di coping. L'abuso di sostanze può essere lieve come esagerare con il caffè mentre ci si trova in situazioni più gravi come il consumo di narcotici e farmaci da prescrizione.

Quindi, una delle prime cose che vi incoraggio a fare è guardare la vostra dieta e vedere quali elementi possono alimentare la vostra ansia. Ad esempio, se state consumando grandi quantità di alcol, potreste essere predisposto all'ansia.

Inoltre, avere una dieta sana ed equilibrata è una delle cose migliori che potete fare per assicurarvi di non prepararvi a ulteriori attacchi di ansia. In particolare, un consumo elevato di zucchero può mettervi in difficoltà.

In effetti, una causa piuttosto comune di ansia sono i sintomi simili all'astinenza quando le persone consumano una quantità minore di quanto sono abituate a una particolare sostanza. Ad esempio, bere meno caffè del solito può scatenare un attacco di ansia. Lo stesso vale per lo zucchero e le sigarette.

Nel caso di alcol e narcotici, i sintomi del tipo da astinenza possono essere così gravi che può essere necessario un intervento medico per stabilizzare il malato. In tal caso, la linea di condotta comune è cercare una struttura di riabilitazione specializzata nel trattamento dell'ansia derivante dall'abuso di sostanze.

Tuttavia, se si beve troppo caffè, se si bevono troppi caffè, se si mangia un po' troppi dolci e se si esagera con l'alcol una volta ogni tanto, varrebbe certamente la pena di farvi ridurre in modo significativo. L'ideale sarebbe eliminare il consumo di queste sostanze, ma ciò potrebbe non essere sempre possibile. Tuttavia, se si ritiene di non essere in grado di tenere sotto controllo una tale abitudine, allora sarebbe meglio rivolgersi a un medico e liberarsi di queste sostanze potenzialmente nocive.

Fate scorta di tè

Il tè è un ottimo rimedio casalingo che potete usare per aiutarvi a ridurre l'ansia.

Mentre è vero che il tè nero contiene caffeina, ci sono una miriade di tisane che non lo contengono - in quanto tale, bere il tè può essere una perfetta alternativa al caffè, soprattutto se non riesci ad abituarti a passare al decaffeinato.

Le tisane, come il tè verde, sono ricche di antiossidanti che possono aiutare il vostro corpo a liberarsi delle sostanze tossiche, fornendovi al tempo stesso elementi che aiutano a combattere l'ipertensione arteriosa e a ripulire il fegato dalle sostanze indesiderate.

Altri tè come camomilla, menta piperita e limone sono gustose alternative al normale tè nero e verde. La camomilla ha proprietà antinfiammatorie che possono aiutare a ridurre l'infiammazione generale del corpo, aiutandovi a calmarvi soprattutto dopo una giornata stressante.

È stato scoperto che i tè alla menta piperita e al limone non solo contengono antiossidanti, ma sono stati anche ampiamente utilizzati come agenti lenitivi, soprattutto dopo eventi stressanti e traumatici. Poiché sia la menta piperita che il limone sono ricchi di antiossidanti e flavonoidi, rappresentano le scelte ideali quando si cerca di calmarsi e rilassarsi. Inoltre, è possibile berli tutto il giorno e servire come un'ottima alternativa al caffè.

Infine, tè come Gotu Kola e Valeriana, se consumati regolarmente, possono rivelarsi utili quanto l'assunzione di integratori a base di erbe o persino il consumo di antidepressivi lievi. Naturalmente, la chiave qui è essere coerenti nel consumo di tè.

Preghiera

In precedenza, abbiamo parlato di avere una relazione più stretta con un potere superiore. Indipendentemente dalla fede che professate, essere vicini a un potere superiore è una necessità assoluta per tutti gli esseri umani. Abbiamo tutti bisogno di impegnare il nostro sé spirituale in modo tale da essere in grado di connetterci con una parte più profonda e più profonda di noi stessi.

Qui la preghiera può aiutarvi non solo a connettervi con quella parte più profonda di voi stessi, ma anche ad alleviare quei sentimenti di angoscia che di tanto in tanto possono attaccarvi.

Ho scoperto che la preghiera regolare è un ottimo modo per alleviare i sentimenti di disagio e incertezza. Ora, non ci sono preghiere o mantra specifici qui. Potete prendere il vostro libro sacro e trovare un passaggio particolarmente confortante, oppure potete recitare preghiere specifiche della vostra fede.

Vi incoraggio anche a parlare con la vostra guida spirituale in modo che vi fornisca alcuni modi per impegnare ulteriormente la vostra fede. Ho conosciuto persone che trovano pace e conforto nella loro chiesa locale mentre altri trovano la calma nei gruppi di preghiera.

Pertanto, impegnarsi in una preghiera e in un culto regolari sono due elementi semplici ma efficaci che si possono fare nella comodità della propria casa o di una parte di una comunità più grande. Inoltre, quel sentimento di appartenenza a una comunità più ampia vi aiuterà a sentirvi a vostro agio, poiché potete essere sicuri che ci sono altri che si prendono cura di voi e che vi augurano solo il meglio.

Capitolo 9: Rimedi Alternativi per Superare la Depressione

In tutto questo libro abbiamo discusso i modi in cui potete aiutare voi stessi o qualcuno che conoscete e che potrebbe essere in preda all'ansia e alla depressione. Sia che voi stessi stiate attraversando tutto questo, sia che vi stiate prendendo cura di qualcun altro, ci sono molte cose che potete fare per aiutarli ad affrontare quello che stanno passando.

Forse la cosa più importante da fare è far sapere loro che non sono soli. La cosa peggiore che può accadere a qualcuno che sta combattendo con la depressione, in particolare, è trovarsi da solo e non curato. Quando ciò accade, i sentimenti di disperazione e sconforto non faranno che aumentare. Questo può portare a pensieri suicidi e persino ad agire di conseguenza.

Potete aiutare gli altri a combattere con queste condizioni, fornendo loro un ambiente sicuro e amorevole in cui possano essere se stessi. Ciò è particolarmente importante per bambini e adolescenti. Sentirsi confortati e accuditi ha un potente effetto per alleviare i sintomi che abbiamo descritto in precedenza.

Questo punto si collega a mostrare ai malati quanto tenete a loro. Forse non si può comprendere appieno ciò che stanno passando, ma si può essere in grado di capire che hanno bisogno di aiuto e sostegno.

Ora, questo può essere difficile, soprattutto quando il malato nega e non crede di aver effettivamente bisogno di aiuto. In questi casi, potreste incontrare resistenza e persino rifiuto. Spesso, chi soffre di ansia e depressione non è consapevole di ciò che non va e può sentirsi offeso dal fatto che voi stiate sollevando l'argomento.

Poi c'è chi soffre in silenzio. Queste persone potrebbero chiedere aiuto in modi sottili. Quindi, sta a voi prenderli e offrire un sorriso amichevole e un sorriso amichevole e una spalla su cui appoggiarvi.

Quando ci si rende conto che una persona può trovarsi in una grave depressione, il tempo di agire può essere molto breve. Quando chi ne soffre cade in una grave depressione, può essere incline ad agire in base ai pensieri negativi che riceve. A questo punto, potrebbe essere troppo tardi per fare qualcosa al riguardo.

Ciononostante, potete agire rapidamente e richiedere assistenza medica per la persona amata. Ciò può includere il check-in in una struttura di riabilitazione o anche fare un viaggio al pronto soccorso. In ogni caso, dovete agire rapidamente. In tal modo, potete garantire la salute e la sicurezza dei vostri cari.

Un altro elemento fondamentale per aiutare i malati ad affrontare la loro condizione è l'istruzione. Potete aiutarli a conoscere meglio la loro condizione, cosa li fa scattare e come possono trovare il modo di affrontarla. Tenete presente che una persona in preda ad una forte ansia e depressione potrebbe non essere in grado di pensare con la propria testa. È qui che il vostro sostegno è fondamentale per aiutarli a comprendere le opzioni a loro disposizione e quale può essere la migliore linea d'azione. Questo può includere farmaci o rimedi casalinghi naturali.

Nel caso in cui anche voi, voi stessi, abbiate percorso questo cammino, avete un'esperienza preziosa che potete condividere con altri che soffrono come voi. Ho trovato utile conoscere me stesso con altri che hanno vissuto le mie stesse esperienze. Queste esperienze simili mi hanno permesso di sviluppare una comprensione più profonda di cosa siano l'ansia e la depressione e come affrontarle.

Potete scegliere di partecipare a gruppi di consulenza, sostenere gruppi di terapia o semplicemente prestare un orecchio amichevole a chiunque abbia bisogno di un amico. Così facendo, aiutate gli altri a imparare ad affrontare la loro condizione e a diventare autosufficienti.

Quindi, vi incoraggio a scoprire quale organizzazione sostiene i malati di ansia e depressione nelle vostre comunità locali. Spesso queste organizzazioni fanno parte di associazioni sanitarie, chiese o gruppi di volontari più grandi.

Al giorno d'oggi, la maggior parte delle scuole offre programmi di consulenza per bambini e adolescenti. Non solo insegnano ai bambini come affrontare ciò che stanno provando attualmente, ma forniscono anche un approccio proattivo in modo che queste condizioni non si sviluppino nelle generazioni più giovani. Sono certo che i bambini e gli adolescenti sarebbero interessati a sentire la vostra esperienza poiché potrebbero essere loro stessi alle prese con qualcosa di simile.

Infine, aiutare gli altri ad affrontare le loro difficoltà non è un compito facile in quanto può essere emotivamente drenante. Spesso mi sono sentito impotente quando cercavo di raggiungere persone che semplicemente non vogliono ascoltare. Anche se avete tutte le buone intenzioni del mondo, queste persone hanno bisogno di tempo e di spazio prima di poter reagire ai vostri sforzi di sostegno.

Naturalmente, l'unico momento in cui sarei d'accordo con la vostra recitazione, nonostante la resistenza di qualcuno, è quando è chiaro che è un pericolo per gli altri e per se stessi. Questo è particolarmente importante con i membri della vostra famiglia o amici molto stretti. Potete portare a bordo la loro famiglia e dar loro l'aiuto di cui hanno bisogno.

Nel caso in cui la famiglia di un malato non sia disposta a fornire a qualcuno l'aiuto di cui ha bisogno, è possibile contattare un assistente sociale locale o un operatore sanitario che può aiutarvi a trovare i canali appropriati per ottenere l'aiuto di cui hanno bisogno gli individui depressi. Questo può essere particolarmente impegnativo quando i bambini e gli adolescenti minorenni vengono trascurati per l'aiuto di cui hanno bisogno.

Alla fine della giornata, vale la pena fare i compiti prima di tentare di aiutare gli altri. Fate le vostre ricerche online, leggete libri come questo, prendete lezioni, partecipate a seminari; fate tutto il possibile per migliorare la vostra base di conoscenze, perché questo vi aiuterà a capire meglio cosa potete fare per aiutare gli altri a trovare la strada giusta per ritrovare una vita equilibrata.

Tenete presente che non è un compito facile. Ma la vostra dedizione e i vostri sforzi nell'aiutare gli altri contribuiranno notevolmente a garantire la salute e il benessere di coloro che stanno lottando per affrontare condizioni debilitanti come l'ansia e la depressione.

Conclusione

Ebbene, siamo giunti alla fine di questo incredibile percorso. Sembra incredibile che abbiamo affrontato così tanto in un periodo di tempo così breve.

In questo libro abbiamo esaminato l'ansia e la depressione, le loro cause e il modo in cui voi o qualcuno a cui tenete potete affrontarle.

Abbiamo stabilito come l'assistenza medica sia essenziale per aiutare chi soffre di ansia e depressione ad affrontare la condizione che sta affrontando. Spesso i malati sono perfettamente disposti a ricevere aiuto anche se potrebbero non sapere nemmeno da dove cominciare. Questo è il motivo per cui la comprensione delle opzioni di trattamento è essenziale per aiutare i malati a superare i propri sentimenti.

La cosa più importante da tenere a mente è che la sicurezza e il benessere del malato. Questo è il motivo per cui riconoscere anche i più sottili segni di difficoltà può servire ad aiutare una persona che sta soffrendo, specialmente chi soffre in silenzio.

Ecco perché l'istruzione è il primo passo. Con un'istruzione adeguata, potete conoscere i modi in cui potete aiutare gli altri ad affrontare questa condizione.

La cosa più importante da tenere a mente è che i malati non sono soli. La depressione, in particolare, può aumentare i sentimenti di abbandono e rifiuto. Quindi, essere in grado di aiutare i malati dando una mano è potente quanto la tattica di qualsiasi farmaco.

Infine, vi incoraggio a consultare il vostro medico soprattutto prima di provare rimedi casalinghi e altre terapie alternative. Ciò è particolarmente importante se state assumendo farmaci in quanto potenziali interazioni con altri farmaci potrebbero avere effetti negativi.

Inoltre, vale la pena esaminare gruppi e organizzazioni su cui contare per fornire supporto e attenzione quando necessario. Facendo parte di un gruppo di supporto, potete trovare una grande fonte di supporto morale.

Inoltre, ci sono ottimi programmi di terapia e consulenza gestiti da volontari. Spesso, queste sono persone che hanno attraversato la stessa situazione che state attraversando attualmente. In quanto tali, possono offrire aiuto e approfondimenti rilevanti per coloro che hanno affrontato condizioni simili.

E quindi, vorrei ringraziarvi per aver letto questo libro. Spero che l'abbiate trovato utile e informativo. Soprattutto, spero che abbiate trovato il modo di aiutare voi stessi e che coloro che conoscete possano essere alle prese con questa condizione.

Tenete presente che la depressione e l'ansia non sono un segno di debolezza. Dopo tutto, etichettereste un malato di cancro come debole? Lo stesso vale per chi soffre di ansia e depressione. Chi soffre di ansia e depressione è gente normale che sta semplicemente attraversando un momento difficile. Ecco perché aiutare i malati a sentire che queste condizioni non sono degne di essere stigmatizzate o vergognate è un passo fondamentale per aiutarli a cercare l'aiuto di cui hanno bisogno per entrare nel percorso di guarigione.

Vorrei anche ringraziarvi per aver dimostrato la vostra preoccupazione per qualcuno che sapete che potrebbe trovarsi in questa situazione. Spero che abbiate trovato le risposte alle vostre domande, anche se vi incoraggio ad approfondire lo studio e la comprensione di queste condizioni e di come potete utilizzare le numerose opzioni a vostra disposizione.

Se siete alle prese con queste condizioni, spero che abbiate trovato qui anche le risposte alle vostre domande. Vi incoraggio anche a chiedere aiuto. Anche se siete soli, potete cercare persone che possono fornirvi aiuto e attenzione per rimettervi in carreggiata.

Avete già fatto il primo passo sulla strada del recupero.

Lightning Source UK Ltd.
Milton Keynes UK
UKHW021842080121
376714UK00003B/381

9 781801 333269